# EXPERT ADVISOR I STRATEGIE TRADINGOWE FOREX

Wnieś Swoją Znajomość Expert Advisora i Tradingu Na
Rynku Forex Na Wyższy Poziom

## WAYNE WALKER

# Spis Treści

# WPROWADZENIE

Ta książka poszerzy Twoją wiedzę tradingową, gdy zagłębimy się w świat zaprogramowanego tradingu i zaawansowanych strategii zarówno dla rynku Forex, jak i akcji. Celem tej publikacji jest dostarczenie Ci praktycznych i przydatnych informacji tradingowych. Nie ma tutaj szalonych i niewiarygodnych historii, z którymi Ty i inni czytelnicy często spotkasz się w literaturze finansowej. Dla odmiany podzielę się tutaj z Tobą interesującymi rzeczami, których sam doświadczyłem podczas tradingu i dam Ci wgląd w to jak to wszystko naprawdę działa.

Jako inwestor lub trader natkniesz się w pewnym momencie na wpisy w Internecie, które mówią o "najlepszej strategii przełamania". Znajdziesz również artykuły naukowe i książki wyjaśniające średnie zwroty inwestycyjne z różnych strategii i dostarczające statystyki na ich temat. A co, gdy zadasz sobie pytanie "czy to działa", a następnie zaczniesz proces testowania tych strategii? Jako trader musisz wiedzieć w jaki sposób obliczane są symulowane wyniki, a ponadto muszą one być tak precyzyjne, jak to tylko możliwe. Przejdźmy zatem do przetestowania różnych strategii i systemów transakcyjnych.

Pierwsze trzy rozdziały mają formę przygody tradingowej, w której wprowadzimy, przetestujemy i ostatecznie dopracujemy daną strategię.

# ROZDZIAŁ 1:
## Anomalia Dnia Tygodnia

**B**adania wykazały, że akcje i inne rynki mają tendencję do większych ruchów w piątki niż w poniedziałki. Aby to sprawdzić, dysponujemy danymi z lat 2001–2016. Użyjemy w przybliżeniu podziału 80/20, gdzie 80% będzie w próbce, a reszta poza próbką.

**Uwaga: W Próbce – Poza Próbką**: Jest to nomenklatura typowa dla statystyki, która w większości przypadków oznacza "użycie danych z przeszłości do tworzenia prognoz na przyszłość". "W próbce" odnosi się do danych, które posiadasz, a "poza próbką" do danych, których nie masz, ale chcesz dokonać prognozy lub obliczeń.

## Sygnał

Na starcie mamy problem z czasem letnim, który wymaga przesunięcia ustawień czasu. Forex jest głównym rynkiem dla naszego testu. Odbyła się nawet mała debata w celu rozstrzygnięcia, która pora dnia byłaby optymalna do tradingu, jeśli będziemy trzymać się zamknięcia sesji europejskiej, nowojorskiej czy azjatyckiej. Aby wszystko było stosunkowo proste, kupimy w dniu otwarcia i potrzymamy pozycje do otwarcia następnego dnia.

Efekt Dnia Tygodnia na piątek. Kupujemy w piątek 00:00 i sprzedajemy o 00:00 w poniedziałek. Zobowiązuje nas to do wzięcia pod uwagę luki (weekendu), ale nie jest to dla nas zbyt duży problem. Czas również nie powinien być istotnym czynnikiem, ponieważ prawdziwe wyzwalacze zmian na rynku zachodzą, gdy rynek jest otwarty. Dlatego, jeśli nie zamkniemy w piątek wieczorem, ale utrzymamy pozycje do poniedziałku, nie będzie to miało zauważalnego wpływu, ponieważ rynek się nie porusza, gdy jest zamknięty.

## Dane

Okres naszej próby to 01/01/2001–31/12/2011, a poza próbą 01/01/2012–01/06/2016. Instrumentem, którym będziemy handlować jest para EUR/USD.

## Podstawowa Strategia

Zaczniemy od podstawowej strategii bez zmian parametrów. Strategia polega na kupnie przy pierwszym tiku po godzinie 00:00 w piątek i sprzedaży przy pierwszym ruchu ceny w poniedziałek (00:00). Mieliśmy problemy z czasem ze względu na czas letni, dlatego zdecydowaliśmy się na zakup przy pierwszym tiku w piątek. Jest to coś innego niż to, co zapewniały poprzednie badania z wykorzystaniem programu Excel lub innego programu mierzącego zmianę średniej ceny od dnia otwarcia do zamknięcia (otwarcie następnego dnia). Używamy danych z tików i symulatora, który symuluje rzeczywiste środowisko tradingowe, aby uzyskać jak najdokładniejszy wynik.

**Uwaga: Tik** jest najmniejszą miarą ruchu ceny papieru wartościowego w górę lub w dół. Tik może również odnosić się do zmiany ceny papieru wartościowego z transakcji na transakcję.

## Pierwsze Wyniki

Na początek nie ustawiliśmy żadnego zlecenia stop-loss ani take profit, po prostu go uruchomiliśmy. Nie dokonaliśmy również żadnych innych korekt w naszej strategii, w której testowaliśmy okres od 01/01/2005 do 26/08/2016.

Wyniki były następujące:

| Results | |
| --- | --- |
| Average profi | -1.57 |
| Sum profit | -897.84 |
| Winning trade | 297 |
| Total trades | 572 |
| Standard dev | 96.55 |
| Relnumber | -0.39 |

Wyniki rozczarowały, gdyż łączny zysk wyniósł -897. Widać jak na dłoni, że nasza podstawowa strategia wymaga dopracowania, aby poprawić nasze wyniki.

**Dodanie Filtru Trendu Wykładniczej Średniej Kroczącej (EMA)**

Zastosowaliśmy filtr trendu 20 EMA, 60 EMA i 100 EMA. Wykładnicza Średnia Krocząca (EMA) to rodzaj średniej kroczącej, który jest podobny do Prostej Średniej Kroczącej, z tą różnicą, że najnowsze dane mają większą wagę. Nazywana jest również Średnią Wygładzaną Wykładniczo. Ten rodzaj średniej ruchomej szybciej reaguje na ostatnie zmiany cen niż Prosta Średnia Krocząca. Dla niektórych może to wyglądać przypadkowo, ale ten filtr został wybrany ze względu na liczbę dni, które liczy.

20 EMA = 20 dni handlowych w miesiącu

60 EMA = 60 dni handlowych to trzy miesiące

100 EMA = 100 dni handlowych to pięć miesięcy

Filtr Trendu: 20EMA>60EMA>100EMA

Wykres ilustruje ten filtr trendu:

Widać, że transakcje są otwierane tylko wtedy, gdy EMA 20 (na zielono) jest powyżej EMA 60 (na żółto), a EMA 60 jest powyżej EMA 100 (na czerwono). Mogłem użyć tylko 20 EMA>100 EMA, ale dałoby to większą zmienność lub fałszywe sygnały wejścia. Chciałem, aby zarówno trendy długoterminowe (60 EMA>100 EMA), jak i krótkoterminowe (20 EMA>60 EMA) szły w górę.

Uzyskaliśmy następujące wyniki:

|  | Average profit | Sum profit | Winning trade | Total trades | Standard dev | Relnumber |
|---|---|---|---|---|---|---|
| The Basic Strategy | -2 | -898 | 297 | 572 | 97 | -0.39 |
| 20EMA>60EMA>100EMA | 6 | 1832 | 178 | 322 | 86 | 1.19 |
| 20EMA<60EMA<100EMA | -12 | -1831 | 68 | 147 | 103 | -1.47 |

Aby porównać dwa lub więcej systemów, nie wystarczy tylko zbadać zyski. Dzieje się tak, ponieważ zysk jest tylko jednym ze wskaźników. Równie ważna jest liczba transakcji i zmienność. Nie ma sensu mieć jednego systemu z jedną dużą lub kilkoma zyskownymi transakcjami i wieloma stratami. Te kilka zyskownych transakcji może być przypadkowych. Mogą to być tak zwane Czarne Łabędzie, które najprawdopodobniej nie powtórzą się w przyszłości, dlatego zbyt duże wariancje nam nie służą. Wzór na to jest następujący:

$$Rel = \frac{\text{Average profit}}{\text{Standard deviation of profit}} * \sqrt{\# \ of \ trades}$$

Zazwyczaj możesz spodziewać się lepszych zwrotów ze strategii z wieloma transakcjami niż ze strategii z raptem kilkoma. Podsumowując, im wyższa liczba Rel, tym lepszy system tradingowy.

Jedną rzeczą, którą możemy wywnioskować, jest to, że stosując filtr dla trendu wzrostowego mamy lepsze zwroty niż ze strategii podstawowej. Drugą jest to, że ta strategia działa lepiej w trendzie wzrostowym niż w trendzie spadkowym. Na rynku spadkowym mieliśmy ujemne zwroty. Uzyskaliśmy większą liczbę Rel z filtrem trendu.

**Filtr Zmienność**

Moim zdaniem zmienność jest również ważnym wskaźnikiem. Zmienność stale się zmienia, więc porównywanie niedawnej zmienności również będzie miało sens. Porównamy średni zakres 10 dni ze średnim zakresem 1 dnia. To pozwoli nam zobaczyć nadmierną zmienność i zbyt małą. Korzystanie z tych ustawień jest tym samym, co porównanie dzisiejszej zmienności ze średnią zmiennością z ostatnich 10 dni tradingowych (dwa tygodnie).

Otrzymaliśmy następujące wyniki:

| | Average profit | Sum profit | Winning trade | Total trades | Standard dev | Relnumber |
|---|---|---|---|---|---|---|
| The Basic Strategy | -2 | -898 | 297 | 572 | 97 | -0.39 |
| 20EMA>60EMA>100EMA | 6 | 1832 | 178 | 322 | 86 | 1.19 |
| 20EMA<60EMA<100EMA | -12 | -1831 | 68 | 147 | 103 | -1.47 |
| ATR(1)>ATR(10) | -2 | -356.74 | 73 | 143 | 82 | -0.4 |
| ATR(1)<ATR(10) | 12 | 2188.62 | 105 | 179 | 88 | 1.9 |

Wyniki pokazały, że **nadmierna zmienność** w czwartki niszczy tę strategię, w takim sensie, że jeśli zakres z poprzedniego czwartku jest powyżej zmienności z ostatnich dwóch tygodni, to jest to złe dla strategii. Jeśli jednak jest odwrotnie, zakres jest mniejszy niż średni zakres z ostatnich dziesięciu dni, to wówczas zarobimy pieniądze na tej strategii. Jeśli nie zrozumiesz tego od razu, zrozumiesz później. Na tym etapie po prostu wiedz, że strategia ta działa dobrze, gdy występuje **trend wzrostowy**, a **zmienność jest mniejsza** niż w poprzednich dwóch tygodniach. Jako inwestor lub trader kupisz, gdy zobaczysz, że para EUR/USD znajduje się w trendzie wzrostowym zarówno w krótkim, jak i długim okresie. Zauważyliśmy też, że poprawiliśmy liczbę Rel, gdyż wykonaliśmy mniej transakcji, lecz zwiększyliśmy zyski. Spadek zmienności zwiększył naszą liczbę Rel, co jest oczywiście dobre. I zapamiętaj, nie chcemy uprawiać hazardu, lecz handlować, kiedy jest to odpowiednie. Nasza liczba Rel wzrosła z 1.19 do 1.9.

## Hazard lub Inwestowanie z Szacowanym Ryzykiem = Stop-Loss!

Osobiście unikam tradingu bez stop-lossów. Zawsze muszę wiedzieć czym ryzykuję w każdej konkretnej transakcji. Korzystając z mojego osobistego wzoru doszedłem do wniosku, że właściwy stop-loss dla tej strategii to 50 pipsów. Wyniki:

Wprowadzenie stop-loss ogranicza zmienność. Jak widzisz, poprawiliśmy liczbę Rel i zmniejszyliśmy liczbę zwycięskich transakcji. Wzrost liczby Rel oznacza, że było kilka transakcji, które przesunęły się przeciwko nam o ponad 50 pipsów, zanim ponownie przyniosły zysk. Mi to już przypomina hazard i wolałbym wykluczyć takie transakcje ustawiając stop-loss na poziomie 50 pipsów.

## Wielkość Pozycji i Stały % Na Transakcję

Czy kiedykolwiek wykonałeś transakcję, nie biorąc pod uwagę, że jeśli będzie przegrana powyżej ustalonego procentu swojego kapitału, powinieneś ją zamknąć? W tradingu nie jest to dobre działanie. Nigdy nie otwieram transakcji bez obliczenia ryzyka. Przejdziemy teraz do koncepcji tradingu o stałym procencie. W tym przypadku wielkość lota będzie funkcją naszego stop-lossa i tolerancji ryzyka na poziomie 1%. Podejmujesz większe ryzyko, gdy Twój kapitał rośnie, a mniejsze, gdy Twój kapitał spada.

Wraz z wielkością pozycji zwiększyliśmy nasz ogólny zysk, ale zwiększyliśmy również zmienność krzywej naszego kapitału, więc nasza liczba Rel nieco spadła. Wolę zatem uwzględnić rozmiar pozycji niż polegać na wyższej liczbie Rel.

| | Average profit | Sum profit | Winning trade | Total trades | Standard dev | Relnumber |
|---|---|---|---|---|---|---|
| The Basic Strategy | -2 | -898 | 297 | 572 | 97 | -0.39 |
| 20EMA>60EMA>100EMA | 6 | 1832 | 178 | 322 | 86 | 1.19 |
| 20EMA<60EMA<100EMA | -12 | -1831 | 68 | 147 | 103 | -1.47 |
| ATR(1)>ATR(10) | -2 | -356.74 | 73 | 143 | 82 | -0.4 |
| ATR(1)<ATR(10) | 12 | 2188.62 | 105 | 179 | 88 | 1.9 |
| 50 pips SL | 11 | 2024.08 | 87 | 179 | 66 | 2.3 |
| **Position sizing** | **13** | **2280** | **85** | **179** | **77** | **2.22** |

*Krzywa kapitału własnego w próbce z wielkością pozycji.*

## Test Poza Próbką

Wykonaliśmy test poza próbką w okresie 01/01/2012–01/08/2016.

| | Average profit | Sum profit | Winning trade | Total trades | Standard dev | Relnumber |
|---|---|---|---|---|---|---|
| The Basic Strategy | -2 | -898 | 297 | 572 | 97 | -0.39 |
| 20EMA>60EMA>100EMA | 6 | 1832 | 178 | 322 | 86 | 1.19 |
| 20EMA<60EMA<100EMA | -12 | -1831 | 68 | 147 | 103 | -1.47 |
| ATR(1)>ATR(10) | -2 | -356.74 | 73 | 143 | 82 | -0.4 |
| ATR(1)<ATR(10) | 12 | 2188.62 | 105 | 179 | 88 | 1.9 |
| 50 pips SL | 11 | 2024.08 | 87 | 179 | 66 | 2.3 |
| Position sizing | 13 | 2280 | 85 | 179 | 77 | 2.22 |
| Out of sample | 5 | 189 | 19 | 37 | 49 | 1 |

*Krzywa kapitału własnego poza próbką.*

Wyniki nie były tak obiecujące. Tym razem osiągnęliśmy zysk w wysokości 189, kapitał początkowy wynosił $10,000, co daje zysk w wysokości 1.89 %. Uzyskaliśmy również mniejszą liczbę Rel, co nie jest zbyt dobre. Maksymalna kwota straty w wysokości 289 była znacznie wyższa od sumy zysku. Jak się pewnie domyślasz, nie byłem zbytnio zadowolony z tych wyników.

## Podsumowanie

Podjęliśmy kilka kroków, aby ulepszyć strategię Efektu Dnia Tygodnia. To, co możemy powiedzieć na pewno, to to, że nie zarobisz żadnych pieniędzy, jeśli uwzględnisz koszt transakcji w podstawowej strategii. Ta strategia najlepiej sprawdza się na rynku z trendem wzrostowym. Jako doświadczony trader uważam, że problemem mogą być ramy czasowe. Strategia może być bardziej dochodowa, ale nie daliśmy jej wystarczająco dużo czasu. Stop-loss na 50 pipsach jest wystarczający, ale z drugiej strony zamknęliśmy naszą transakcję w poniedziałek niezależnie od wyników. Istnieje zatem potrzeba dalszego dopracowania. Zachowamy tę samą strategię wejścia, ale inne musi być zarządzanie naszymi transakcjami. Dokonując transakcji według tej strategii, będziemy musieli uwzględnić zlecenie take-profit dla tygodniowej zmienności lub kroczący stop. Niezbędne ulepszenia zostaną omówione w następnych rozdziałach.

# ROZDZIAŁ 2:
## Pierwsze Udoskonalenie: Strategia Efektu Dnia Tygodnia

dziemy dalej, aby dokonać pierwszego ulepszenia strategii Efektu Dnia Tygodnia z ostatniego rozdziału. To, co tutaj wskażę jako słabość Efektu Dnia Tygodnia, to tradycyjny sposób tradingu. Tą słabością jest zamknięcie transakcji w poniedziałek rano, ponieważ podejmujesz pewne ryzyko, nawet jeśli korzystasz ze stop-lossa. Jeśli jednak nie poświęcisz wystarczająco dużo czasu na trading, nie uzyskasz maksymalnego możliwego zysku. Prostą, ale szanowaną zasadą tradingu jest "obniżenie strat i zachowanie zysków".

Po sprawdzeniu strategii zdałem sobie sprawę, że zarabiała pieniądze tylko dlatego, że zawierała kilka dobrych transakcji, które poruszały się o 300-400 pipsów w ciągu jednego dnia. Niestety jest to bardzo rzadkie zjawisko i obejmuje wiele strat, których wolałbym nie mieć w swoim portfelu. Zobaczymy teraz różnicę w kapitale własnym przy użyciu różnych sposobów zarządzania transakcją, gdy nasz sygnał wejścia pozostanie taki sam. Zobaczysz również, dlaczego ważne jest uwzględnienie zmienności w planowaniu.

## Metoda

Używamy tego samego sygnału transakcyjnego, ale w piątek otwieramy z 20EMA>60EMA (tym razem wykluczyliśmy 100 EMA). Wielkość lota będzie wynosić 0.1, a saldo początkowe konta $10,000. Zestawienie końcowe transakcji z poniedziałku jest usuwane, a zostają tylko zlecenia stop-loss i take-profit. Dzielimy dane na te w próbce i poza próbką. W próbce zoptymalizujemy różne parametry, a następnie przeprowadzimy test poza próbką, aby sprawdzić, czy zoptymalizowana strategia dobrze działa. Zwiększamy również zakres naszych danych w próbce na 01/01/1990-01/01/2012. Użyjemy wąskiego stop-lossa, kroczącego stopa oraz break-even. Nazwaliśmy tę metodę 'Brak Zmiennych', ponieważ nie będziemy uwzględniać zmienności w żadnym z testów.

## Zlecenia Stop-Loss i Take Profit

Nasza strategia zoptymalizowała zlecenia stop-loss i take-profit w zakresie od 100 do 600, aby sprawdzić, czy wyniki się utrzymają. Uzyskaliśmy optymalny stop-loss na poziomie 400 i take profit na 600. Uzyskaliśmy też łączny zysk w wysokości 86,413 i liczbę Rel 7.09, której jeszcze nie możemy porównać, ponieważ w tym teście uwzględniliśmy dodatkowe 11 lat wcześniejszych danych. Konieczne jest połączenie tego z innymi metodami zarządzania transakcjami i sprawdzenie, którą z nich najlepiej użyć do zarządzania, gdy transakcja zostanie wykonana. To, co możemy porównać, to średni zysk, który wzrósł do 138, gdzie we wcześniejszym teście nie przekraczał 2.2 tylko dlatego, że pozwoliliśmy, aby nasza transakcja trwała dłużej.

| Methode | Average profit | Sum profit | Total # of trades | Winning # of Trades | Standard deviation of profit | Rel # |
|---|---|---|---|---|---|---|
| Only SL & TP | 138 $ | 86,413 | 357 | 626 | 486.8007082 | 7.09 |

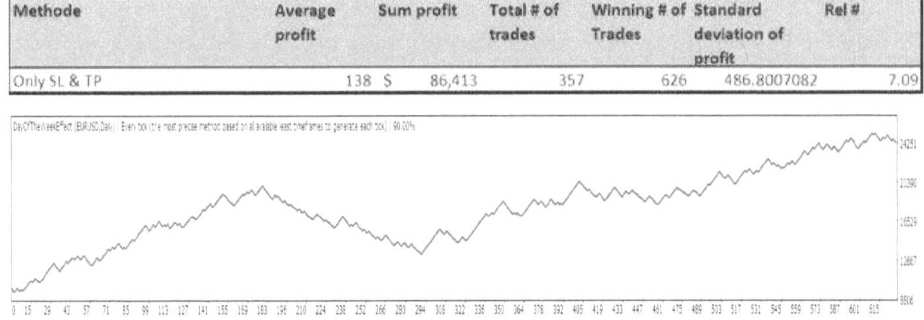

*Wykres przedstawiający kapitał własny ze zleceniami stop-loss i take-profit. Tu i na innych wykresach SL=Stop Loss i TP=Take-Profit.*

## Zlecenia Stop-Loss, Take-Profit oraz Break-Even

Większość traderów jest zaznajomiona z pojęciem break-even. W tym miejscu możesz zmienić stop-loss, gdy rynek przesunie się o pewną kwotę na Twoją korzyść, co zostało uwzględnione w naszej strategii. Warto mieć break-even, ponieważ jeśli go nie używasz, istnieje ryzyko, że po osiągnięciu zysku zakończysz transakcję ze stratą. Widzieliśmy już $71,480 zysku i liczbę Rel 6.99, czyli nieco mniej niż bez wykorzystania poziomu break-even. Zmniejszyło to zmienność krzywej kapitału, ale także zmniejszyło zysk, co oznacza, że czasami zostaliśmy nieco zatrzymani, ponieważ zmieniliśmy nasz stop-loss na break-even, więc jest to kompromis między ryzykiem a nagrodą. Zmniejszasz swoje ryzyko , masz jednak też mniejszy zwrot z inwestycji.

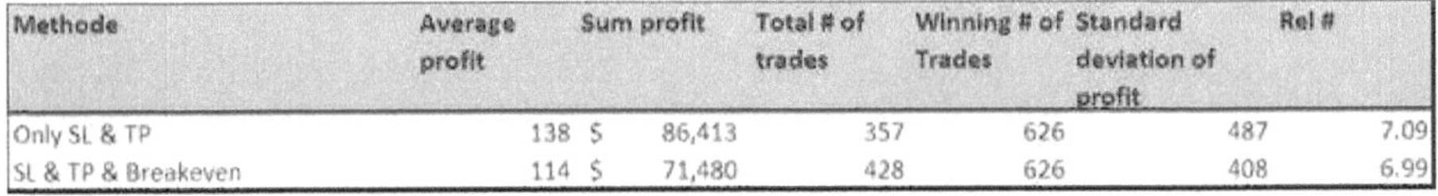

| Methode | Average profit | | Sum profit | Total # of trades | Winning # of Trades | Standard deviation of profit | Rel # |
|---|---|---|---|---|---|---|---|
| Only SL & TP | 138 | $ | 86,413 | 357 | 626 | 487 | 7.09 |
| SL & TP & Breakeven | 114 | $ | 71,480 | 428 | 626 | 408 | 6.99 |

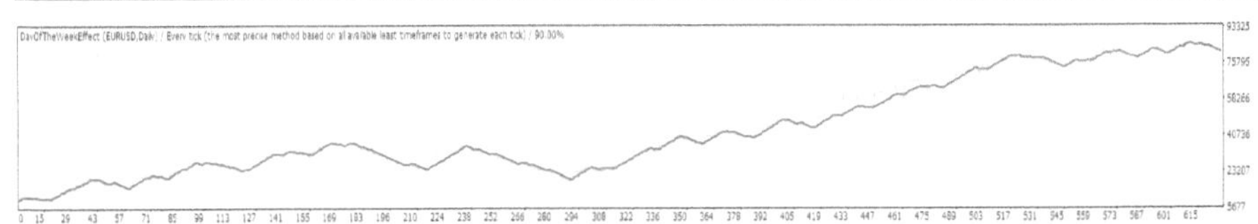

*Wykres pokazujący kapitał własny z funkcją break-even. Uzyskaliśmy nieco gładszą krzywą kapitału własnego.*

### Stop-Loss i Kroczący Stop

W tej strategii użyliśmy średnich kroczących i dokonywaliśmy transakcji, gdy rynek znajdował się w trendzie wzrostowym. Pamiętaj o tym, byś "minimalizował swoje straty, a zyskowi pozwalał płynąć". Dobrze jest mieć stop-lossa, ale z góry zdefiniowane zlecenie take-profit ograniczy nasze zyski w trendzie wzrostowym, ponieważ nie wiemy dokładnie, jak wysoko pójdzie. Dlatego musieliśmy wykluczyć zlecenie take-profit i zamiast tego włączyć funkcję kroczącego stopu. Zwiększyliśmy nasz średni zysk do 350 na transakcję, zwiększyliśmy nasze zyski do 213,636, a nasza liczba Rel wzrosła do 9.89. Gdy włączyliśmy do transakcji funkcję break-even, odnotowaliśmy tylko 151,194 zysku i liczbę Rel 8.20, co było niższe niż to, co uzyskaliśmy przy użyciu samego zlecenia stop-loss i kroczącego stopu. W przyszłości nie będę uwzględniał funkcji break-even dla tej strategii. Ustawimy po prostu kroczącego stopa poniżej ostatnich wyższych dołków.

| Methode | Average profit | Sum profit | Total # of trades | Winning # of Trades | Standard deviation of profit | Rel # |
|---|---|---|---|---|---|---|
| Only SL & TP | 138 | $ 86,413 | 357 | 626 | 487 | 7.09 |
| SL & TP & Breakeven | 114 | $ 71,480 | 428 | 626 | 408 | 6.99 |
| SL & TP & Trailingstop | 350 | $ 213,636 | 305 | 610 | 875 | 9.89 |
| SL & TP & Breakeven & Trailingstop | 242 | $ 151,194 | 425 | 626 | 737 | 8.20 |

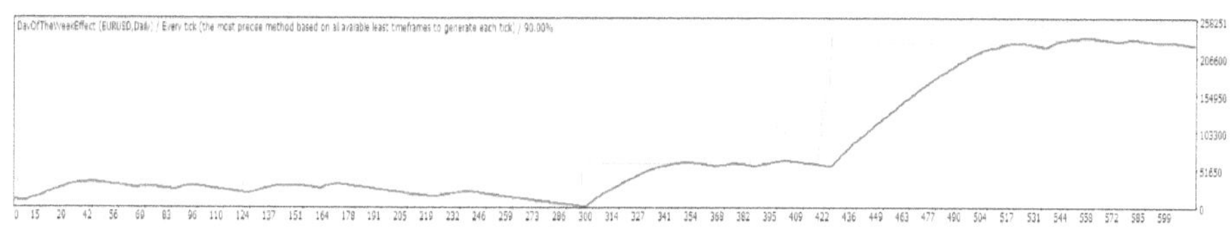

*Wykres przedstawiający kapitał własny z tylko funkcją stop-loss i kroczącego stopu.*

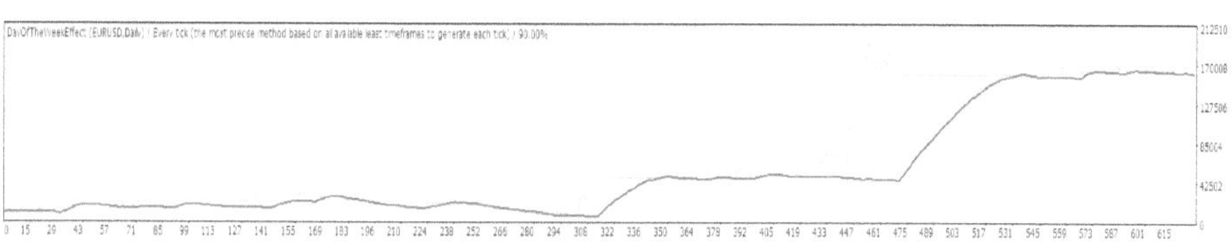

*Wykres przedstawiający kapitał własny tylko z funkcją stop-loss, break-even i kroczącego-stopu.*

## Test Poza Próbką

Okres badania poza próbką to 01/01/2012-01/09/2016. Doświadczyliśmy rozczarowujących wyników, a mówiąc bardziej bezpośrednio, straciliśmy cały nasz kapitał i zostaliśmy z niczym. Jako traderzy chcemy wiedzieć, czy nasze wyniki będą się powielać w przyszłości. Wiemy, że istnieją różne sposoby zarządzania transakcjami, które poprawią nasze wyniki.

Zmienność jest bardzo ważna. Para EUR/USD wahała się w wąskich przedziałach od 2014 roku, dlatego nie powinieneś używać zleceń stop-loss i take-profit zoptymalizowanych w okresie przed tymi wahaniami. Żadne z narzędzi do zarządzania transakcjami nie jest dynamiczne ani cokolwiek znaczące bez uwzględnienia zmienności.

| Methode | Average profit | Sum profit | Total # of trades | Winning # of Trades | Standard deviation of profit | Rel # |
|---|---|---|---|---|---|---|
| Only SL & TP | 138 | $ 86,413 | 357 | 626 | 487 | 7.09 |
| SL & TP & Breakeven | 114 | $ 71,480 | 428 | 626 | 408 | 6.99 |
| SL & TP & Trailingstop | 350 | $ 213,636 | 305 | 610 | 875 | 9.89 |
| SL & TP & Breakeven & Trailingstop | 242 | $ 151,194 | 425 | 626 | 737 | 8.20 |
| Out of Sample | -127 | $ (9,770) | 22 | 77 | 216 | -5.16 |

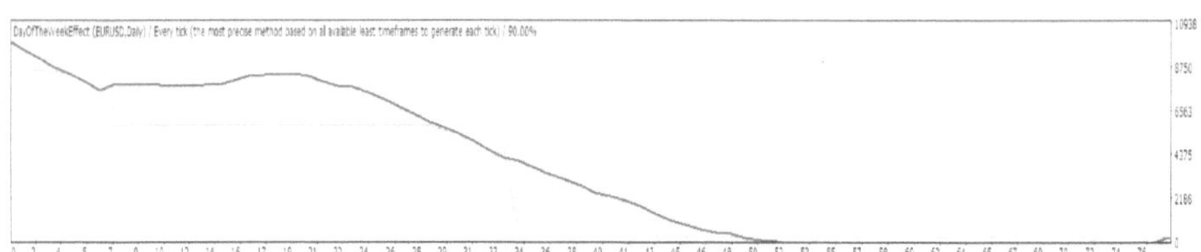


*Wykres przedstawiający kapitał z wyników testu poza próbką.*

## Podsumowanie

Pokazałem Ci znaczenie różnych stylów zarządzania transakcjami oraz znaczenie zmienności w naszej strategii. Obecnie rynek może się różnić od tego, który mieliśmy w okresie testowym. Para EUR/USD była naszą parą testową, a w tle, w 2013 roku amerykańskie i europejskie giełdy były na najwyższych poziomach. Ludzie czekali na krach lub pretekst, by ta para walutowa wyszła ze schematu kontynuacji. Para zmieniała wartość w bardzo wąskim zakresie, a gracze na rynku byli żądni przełamania, czy to w górę, czy w dół.

Ważne jest, aby pamiętać, że Twoja strategia zawiedzie, jeśli nie weźmiesz pod uwagę zmienności na rynku. Jeśli dziennie handlujesz i używasz stop-lossa na poziomie 20 pipsów i take-profit na poziomie 100 pipsów, ale widzisz, że średni dzienny zasięg wynosił 60 pipsów, nigdy nie osiągniesz poziomu take-profit. Jeśli masz strategię trendu, nigdy nie osiągniesz pełnego potencjału transakcji, jeśli po prostu użyjesz zlecenia take-profit. Znacznie lepiej jest użyć kroczącego stopu poniżej ostatniego szczytu lub dołka. Na wykresie krzywej kapitału widać, że w pierwszej połowie transakcji mieliśmy tylko stop-loss i kroczący stop i nie osiągnęliśmy większych zysków. To dlatego, że w tamtym czasie zasięg nie był tak szeroki. Dlatego używanie tylko zleceń take-profit i stop-loss nie przyniesie Ci optymalnych rezultatów. Jedną z alternatyw jest ponowna optymalizacja parametrów co miesiąc przy użyciu danych z poprzedniego roku lub danych kwartalnych. Ja preferuję korzystać z parametrów opartych na zmienności.

# ROZDZIAŁ 3:
## Efekt Dnia Tygodnia: Wprowadzenie Zmienności

W poprzednich rozdziałach skupiliśmy się na anomalii Efektu Dnia Tygodnia i sposobach jej ulepszenia. Będziemy nadal ulepszać tę strategię, wprowadzając zmienność. Każdy trader powie Ci, że zmienność jest dynamiczna, ciągle się zmienia, czasami mamy nadmierną zmienność, innym razem mamy jej zbyt mało. Jeśli zoptymalizujesz swoją strategię, gdy rynek ma nadmierną zmienność, a następnie w momencie realizacji transakcji nastąpi spadek zmienności, najprawdopodobniej nie osiągniesz swojego poziomu take-profit. Zamiast tego zauważysz, że często uderzane są Twoje zlecenia stop-loss. Ważne jest, aby Twoje poziomy ryzyka i zysku były funkcją aktualnej zmienności rynku. Na przykład tuż przed Brexitem kurs pary GBP/USD zmieniał się znacznie bardziej niż jego normalny wzorzec ruchu cenowego. Widzieliśmy nadmierną zmienność, ponieważ przed ostatnim głosowaniem było wiele sprzecznych i często mylących wiadomości. Gdybyś wtedy jako day trader dokonał transakcji ze stop-lossem o wartości 20 pipsów, często Twoja pozycja osiągnęłaby stop-loss, a następnie szybko się odwróciła zaraz po jego osiągnięciu. Pokazaliśmy już wcześniej, jak słabe mogą być wyniki, gdy nie obliczymy zmienności. Teraz pokażę Ci różnicę, kiedy uwzględniasz zmienność w swoim zarządzaniu transakcjami.

## Metoda

Zachowując naszą strategię Efektu Dnia Tygodnia, otworzymy pozycję przy pierwszym tiku w piątek. Testowane pary są takie same, jak w poprzednich przykładach, czyli EUR/USD. Nasz okres testów w próbce to 01/01/1990–01/01/2012. Saldo początkowe wyniesie $10,000, a kwota na transakcję wyniesie 0.1 lota. Wprowadzimy jedną zmianę w naszym sygnale wejścia w porównaniu z naszą ostatnią próbą. Wcześniej wspomnieliśmy, że ta strategia jest strategią trendu, innymi słowy kupujemy, jeśli trend idzie w górę. Dotyczy to zarówno trendów długo, jak i krótkoterminowych. Jako inwestorzy wiemy, że może to również dać nam wiele wykonań zlecenia stop-loss, jeśli rynek się zagalopuje. Jeśli po prostu wejdziemy i kupimy po cenie rynkowej, będzie to w zakresie, a to z kolei daje słaby stosunek ryzyka do zysku w stosunku do ostatniego szczytu. Dlatego lepiej kupować na wycofaniach, ponieważ wtedy masz większy dystans do poprzedniego szczytu i lepszy stosunek ryzyka do zysku. Wykonanie jest następujące: Długoterminowy trend naszego 20 EMA jest powyżej 60 EMA, natomiast krótkoterminowy trend 5 EMA jest poniżej naszej 20 EMA. Jest piątek, otworzyliśmy transakcję zgodnie z naszymi ustawieniami. Nie kupowaliśmy na ślepo, **lecz** na wycofaniu, jak to mają w zwyczaju robić doświadczeni traderzy. Będziemy mieli mniej transakcji, ale to dla nas dobrze.

## Dynamiczny Stop-Loss i Take-Profit

Dostosowaliśmy zlecenia stop-loss i take-profit jako funkcje bieżącej zmienności. Oznacza to, że dostosują się do bieżącej zmienności, a następnie zoptymalizowaliśmy różne parametry. Uzyskaliśmy następujące wyniki:

| Method | Average profit | Sum Profit | # of winning trades | # of total trades | Standard deviation | Rel number |
|---|---|---|---|---|---|---|
| SL & TP | 26.0 | 4497 | 98 | 173 | 234 | 1.46 |

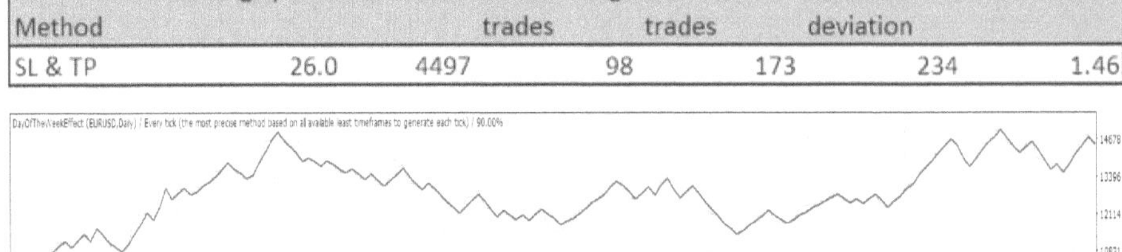


*Wykres przedstawiający krzywą kapitału tylko przy użyciu zmiennego zlecenia stop-loss i take-profit.*

W okresie testowym osiągnęliśmy całkowity zysk 4,497, liczbę Rel 1.46 i średni zysk 26.

## Dynamiczny Stop-Loss, Take-Profit oraz Break-Even

Wprowadzimy teraz break-even, który będzie funkcją aktualnej zmienności i dzięki temu zwiększyliśmy średni zysk do 33.9, sumę zysku do 5,687, a liczbę Rel do 2.05. Zmniejszyła się zmienność na krzywej kapitału, a także niektóre z naszych przegranych transakcji stają się zyskownymi dzięki dodaniu funkcji break-even. Korzystając z tej funkcji, uzyskaliśmy również pewien zysk powyżej naszej ceny wejścia.

| Method | Average profit | Sum Profit | # of winning trades | # of total trades | Standard deviation | Rel number |
|---|---|---|---|---|---|---|
| SL & TP | 26.0 | 4497 | 98 | 173 | 234 | 1.46 |
| SL & TP & Breakeven | 33.9 | 5867 | 108 | 173 | 218 | 2.05 |

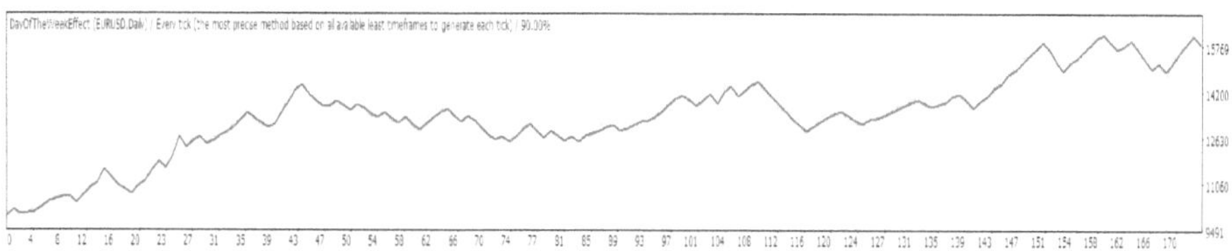

*Wykres przedstawiający krzywą kapitału przy użyciu tylko zmiennego zlecenia stop-loss, take-profit i break-even. Uzyskaliśmy nieco gładszą krzywą kapitału.*

## Kroczący Stop

Kiedy używamy kroczącego-stopu poniżej poprzedniego niższego szczytu, mamy pewną odległość poniżej dołka tej świecy. Zastosuję tę odległość między poprzednim niższym szczytem a stop-lossem jako funkcję ostatniej zmienności. W skrócie, nie mamy stop-lossa. Pozwalamy, aby kroczący-stop wykonał pracę, dzięki czemu uzyskaliśmy następujące wyniki:

| Method | Average profit | Sum Profit | # of winning trades | # of total trades | Standard deviation | Rel number |
|---|---|---|---|---|---|---|
| SL & TP | 26.0 | 4497 | 98 | 173 | 234 | 1.46 |
| SL & TP & Breakeven | 33.9 | 5867 | 108 | 173 | 218 | 2.05 |
| Trailing stop | 87.4 | 15119 | 68 | 173 | 370 | 3.11 |
| Trailing stop + Breakeven | 95.8 | 16572 | 90 | 173 | 360 | 3.50 |

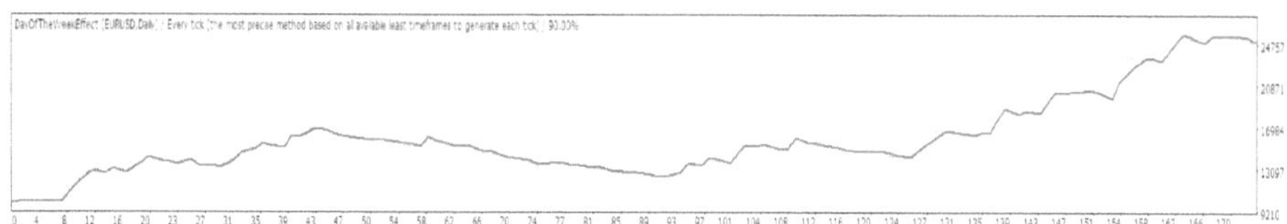

*Wykres przedstawiający krzywą kapitału z użyciem tylko kroczącego-stopu.*

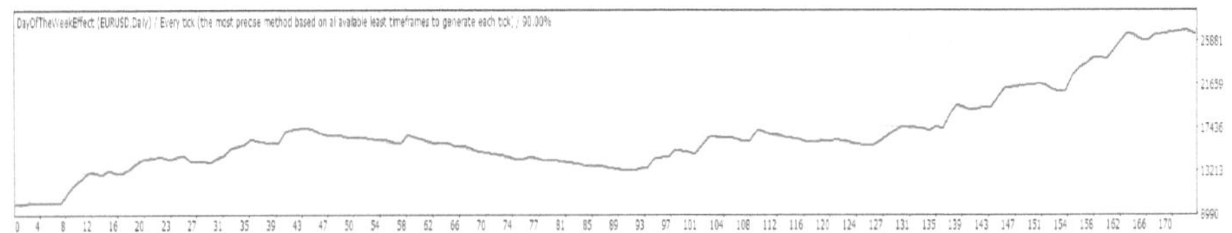

*Wykres przedstawiający krzywą kapitału z użyciem tylko kroczącego-stopu i funkcji break-even.*

Widzimy, że używając kroczącego-stopu prawie potroiliśmy nasz średni zwrot, przy czym mamy mniej zwycięskich transakcji, lecz ogólnie zwiększyliśmy nasz całkowity zysk do 15,119, liczba Rel też wzrosła do 3.11, czyli widać sporą poprawę. Następnie wprowadziliśmy funkcję break-even, dzięki której osiągnęliśmy pewne zyski po zmianach na rynku. To również jest funkcja zmienności. Zwiększyliśmy nasz zysk i liczbę Rel do 3.5, co jest zauważalną różnicą. Ostatnim razem, gdy wprowadziliśmy break-even, osiągnęliśmy gorsze wyniki niż wtedy, gdy go nie używaliśmy. Tym razem, gdy break-even jest funkcją zmienności, osiągnęliśmy lepsze wyniki. Jednak ważniejsze będą wyniki testu poza próbką.

**Test Poza Próbką**

Dopracowywaliśmy strategię, a celem jest jej optymalizacja dla danych z próbki i uzyskanie dobrego wyniku z danych poza próbką. Dane poza próbką obejmują okres 01/01/2012-01/09.2016.

| Method | Average profit | Sum Profit | # of winning trades | # of total trades | Standard deviation | Rel number |
|---|---|---|---|---|---|---|
| SL & TP | 26.0 | 4497 | 98 | 173 | 234 | 1.46 |
| SL & TP & Breakeven | 33.9 | 5867 | 108 | 173 | 218 | 2.05 |
| Trailing stop | 87.4 | 15119 | 68 | 173 | 370 | 3.11 |
| Trailing stop + Breakeven | 95.8 | 16572 | 90 | 173 | 360 | 3.50 |
| Out of sample test | 37.3 | 1232 | 20 | 33 | 185 | 1.16 |

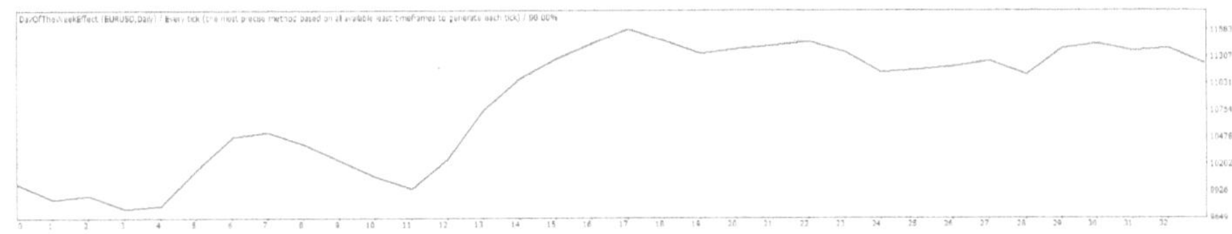

*Wykres pokazujący test poza próbką*

Otrzymaliśmy sumę zysku 1,232 i liczbę Rel w wysokości 1.16, a 20 z 33 transakcji było opłacalnych. Jestem bardzo zadowolony z wyników, ponieważ para, mimo iż na początku 2014 roku miała trend spadkowy, pod koniec roku szła już w górę. Ta strategia trendu wzrostowego dawała podobne wyniki w okresie z ograniczonym zakresem, co jest oczywiście dobre. Najczęściej w sytuacjach, gdy rynek przechodzi od jednego nastroju do drugiego, ludzie ponoszą ogromne straty. Utrzymaliśmy się jednak głównie na tym samym poziomie, notując tylko niewielkie spadki.

**Podsumowanie**

Niewiele więcej można zmienić lub jeszcze dostosować w tej metodzie. Nadszedł czas, abyśmy zdecydowali, czy można zastosować strategię Efektu Dnia Tygodnia. Mój wniosek jest taki, że można jej użyć i nadal jest użyteczna, ale nie w stary sposób, w jaki traderzy używali jej do zarządzania transakcjami. Powinieneś użyć funkcji break-even i podjąć pewien zysk, gdy transakcja poruszy się w Twoją stronę. Widzieliśmy, że gdy nie uwzględniliśmy zmienności, uzyskaliśmy znacznie lepsze wyniki w próbkach. Następnie straciliśmy wszystkie nasze pieniądze w okresie poza próbką, gdy nie uwzględnialiśmy zmienności. Ale kiedy zoptymalizowaliśmy uwzględnianie zmienności, uzyskaliśmy akceptowalne wyniki z testów poza próbką.

Nie zalecam nikomu wrzucać wszystkich pieniędzy w jedną parę. Musisz zdywersyfikować swoje ryzyko pomiędzy nieskorelowanymi parami walutowymi i nieskorelowanymi papierami wartościowymi. Dlatego jeśli jedna para jest w zakresie i nie zarabia dużo pieniędzy lub nie ponosi strat, druga będzie w trendzie wzrostowym. Twoje straty w wahającej się parze lub papierach wartościowych zostaną zrekompensowane przez Twoje większe zyski z waluty/papieru wartościowego, który jest w trendzie. Skorzystałem z tej strategii, kupując w różne dni typu poniedziałek, wtorek, itd. i użyłem tych samych ustawień do zarządzania transakcją. Moje wyniki pokazały, że piątek był najlepszym dniem do kupowania na rynku z trendem wzrostowym.

# ROZDZIAŁ 4:
## Jakie Są Realistyczne Zyski Do Osiągnięcia Na Rynku?

Kiedy wiele osób zaczyna trading, często mówi się im, że jest to dobry sposób na zarobienie pieniędzy w krótkim czasie. Opracowałem kilka strategii i na początku spisywały się dobrze, ale ponosiły również ogromne straty. Przy tego typu wynikach łatwo można było stwierdzić, że ze strategią coś jest nie tak. W pewnym momencie miałem 20% zwrotu miesięcznie, co oznaczało, że podwajałem swój kapitał w ciągu sześciu miesięcy. W niektórych miesiącach osiągałem nawet 30% zysku.

Choć zyski były dobre, duże spadki były oznaką, że strategie były dalekie od ideału. Miałem zatem pewną misję do wykonania, chcąc odkryć jakie były granice i jakie są realistyczne zyski. Tylko od czego zacząć? Może od czytania jakiegoś forum? To nie był dobry pomysł, gdyż zwykle są one wypełnione niesprawdzonymi osobami, które chwalą się podwojeniem swoich kont w ciągu jednego miesiąca itp. bez dania wglądu do swoich danych tradingowych. Poza tym nawet dane tradingowe mogą zostać sfałszowane. Chciałem dowiedzieć się, jak radzili sobie inni profesjonaliści, porównując moje wyniki z wynikami traderów instytucjonalnych. Są to ludzie, którzy otrzymują wysokie pensje i premie, aby zarabiać pieniądze na tradingu i inwestycjach dla dużych funduszy inwestycyjnych oraz banków.

Aby osiągnąć cele mojego badania, użyłem przydatnych narzędzi, takich jak Indeks Barclay Currency Traders oraz Indeks Barclay Systematic Traders. Śledzą one wyniki ponad 400 długoterminowo kontrolowanych, systematycznych i manualnych traderów walutowych.

## Traderzy Systematyczni

| Rok | Wynik | Rok | Wynik | Rok | Wynik |
|---|---|---|---|---|---|
| 1980 | - | 1993 | 8.19% | 2006 | 2.10% |
| 1981 | - | 1994 | -3.18% | 2007 | 8.72% |
| 1982 | - | 1995 | 15.27% | 2008 | 18.16% |
| 1983 | - | 1996 | 11.58% | 2009 | -3.38% |
| 1984 | - | 1997 | 12.76% | 2010 | 7.82% |
| 1985 | - | 1998 | 8.12% | 2011 | -3.83% |
| 1986 | - | 1999 | -3.71% | 2012 | -3.20% |
| 1987 | 63.01% | 2000 | 9.89% | 2013 | -1.10% |
| 1988 | 12.22% | 2001 | 2.99% | 2014 | 10.32% |
| 1989 | 1.18% | 2002 | 12.09% | 2015 | -2.92% |
| 1990 | 34.58% | 2003 | 8.71% | 2016 | 0.32%[†] |
| 1991 | 13.37% | 2004 | 0.54% | | |
| 1992 | 3.25% | 2005 | 0.95% | | |

[†]Estimated YTD performance for 2016 calculated with reported data as of October-21-2016 12:08 US CST

**At a Glance from Jan 1987**

| | |
|---|---|
| Compound Annual Return | 7.56% |
| Sharpe Ratio | 0.34 |
| Worst Drawdown | 22.07% |
| Correlation vs S&P 500 | -0.04 |
| Correlation vs US Bonds | 0.11 |
| Correlation vs World Bonds | -0.04 |

Skumulowany roczny zysk od 1987 roku wynosi 7.56%.

## Traderzy Manualni

**At a Glance from Jan 1987**

| | |
|---|---|
| Compound Annual Return | 6.54% |
| Sharpe Ratio | 0.32 |
| Worst Drawdown | 15.26% |
| Correlation vs S&P 500 | -0.02 |
| Correlation vs US Bonds | 0.13 |
| Correlation vs World Bonds | -0.02 |

| | | | | | | |
|---|---|---|---|---|---|---|
| 1980 | - | 1993 | -3.33% | 2006 | -0.12% |
| 1981 | - | 1994 | -5.96% | 2007 | 2.59% |
| 1982 | - | 1995 | 11.49% | 2008 | 3.50% |
| 1983 | - | 1996 | 6.69% | 2009 | 0.91% |
| 1984 | - | 1997 | 11.35% | 2010 | 3.45% |
| 1985 | - | 1998 | 5.71% | 2011 | 2.25% |
| 1986 | - | 1999 | 3.12% | 2012 | 1.71% |
| 1987 | 29.56% | 2000 | 4.45% | 2013 | 0.87% |
| 1988 | 4.28% | 2001 | 2.71% | 2014 | 3.35% |
| 1989 | 18.89% | 2002 | 6.29% | 2015 | 4.65% |
| 1990 | 57.74% | 2003 | 11.08% | 2016 | 0.25%[†] |
| 1991 | 10.94% | 2004 | 2.36% | | |
| 1992 | 10.27% | 2005 | -1.21% | | |

[†] Estimated YTD performance for 2016 calculated with reported data as of October-21-2016 12:08 US CST

Traderzy manualni osiągnęli od 1987 roku roczny skumulowany zysk na poziomie 6.54%.

Najlepszy fundusz miał stosunek zysku do maksymalnej straty na poziomie 1, ale średnia wyniosła 0.5 dla wszystkich funduszy. Oznacza to, że 'duzi chłopcy' również doświadczali strat, które były dwukrotnie wyższe od zysków. W perspektywie długoterminowej osiągali jednak zysk.

# ROZDZIAŁ 5:
Krótkoterminowy Szybki Wzrost kontra Długoterminowy Powolny Wzrost

Przyjrzymy się dwóm sposobom działania na rynku, krótkoterminowemu z szybkim wzrostem i długoterminowemu z powolnym wzrostem. Motorem szybkiego wzrostu jest wysoka dźwignia, do której inwestorzy mają dostęp na rynkach. Ta dźwignia umożliwia zawieranie transakcji z dużo większą ekspozycją rynkową niż rzeczywiste środki dostępne na koncie. Oznacza to również, że możesz otworzyć się na dodatkowe ryzyko, a niektórzy nawet powiedzą, że uprawiasz hazard. Ryzyko całkowitej utraty kapitału może być tutaj wysokie. Zwiększone ryzyko wiąże się też z możliwością szybszego zysku. Drugie podejście polega na opracowaniu strategii, które dają mniejsze zyski, lecz wiążą się z mniejszym ryzykiem.

Pierwsze podejście (szybkie i o wysokim ryzyku) jest uważane przez wielu za hazard i regularnie ma wysoki wskaźnik niepowodzeń. Sukces, jeśli już się pojawi, jest w dużej mierze wynikiem przypadku oraz szczęścia i zwykle nie trwa przez dłuższy czas. Jest tylko niewielki procent ludzi, którzy podejmują szybkie i ryzykowne próby, uzyskując z tego jakiekolwiek korzyści finansowe. Niektóre osoby, które osiągają znaczne zyski dzięki swoim początkowym przedsięwzięciom o wysokim ryzyku, wykorzystują swój sukces, aby żyć z tego kapitału, handlując później metodami o niższym ryzyku. Jak jednak stwierdzono, ryzyko całkowitej utraty kapitału jest wysokie, a prawdopodobieństwo sukcesu niskie. Sugeruję, abyś starał się stopniowo budować kapitał za pomocą strategii niskich zysków przy małym ryzyku, aby Twoje straty były niewielkie.

Handel na rynku Forex polega na dokonywaniu skalkulowanych transakcji przy jednoczesnym pamiętaniu o zabezpieczeniu kapitału i zarządzaniu ryzykiem. Twoim początkowym celem jest przetrwanie na rynku. Przetrwanie jest jedną z najważniejszych rzeczy dla tradera i powodem, dla którego ochrona kapitału powinna być wykonywana w agresywny sposób. Kontrolowanie ryzyka powinno być priorytetem przed dążeniem do zysku. Musisz bardziej się zastanawiać nad tym, w jaki sposób unikniesz utraty pieniędzy na rynku, niż ile kapitału chcesz z niego wynieść. Na swoich zajęciach zawsze powtarzam, aby uczynić swoją porażkę możliwą do przetrwania. Mając to na uwadze i podstawy, które posiadasz, możemy przejść do następnego zestawu strategii.

Indeksy Barclays możesz sprawdzić tutaj:
http://www.barclayhedge.com/research/indices/cta/sub/sys.html

# ROZDZIAŁ 6:
## Duzi Chłopcy kontra Mali Gracze

W tym rozdziale przedstawię Ci więcej swoich spostrzeżeń na temat rynków finansowych, a zwłaszcza różnic między przeciętnym małym traderem a wielkimi instytucjami.

## Uśrednianie Ceny Nie Ma Sensu

Kiedy po raz pierwszy zacząłem pracować jako trader, często słyszałem pojęcia "uśredniania ceny". Początkowo brzmiało to dziwnie i nie miało dla mnie większego sensu. Dlaczego ludzie mieliby kupować więcej papierów wartościowych, gdy ich ceny spadają? Po prostu spróbuj pomyśleć o tym jako osoba racjonalna, czy zainwestowałbyś więcej pieniędzy tam, gdzie już doświadczasz strat? Oczywiście, że nie i dla przeciętnego inwestora nie ma to żadnego sensu. Mówi się nam również, aby "ograniczać straty i pozwolić zyskom płynąć" i jest to bardzo dobra strategia tradingowa. Kolejną z pierwszych lekcji było to, że powinniśmy mieć stosunek ryzyka do zysku wynoszący co najmniej 1:2. Jest to w pewnym sensie naszą naturą, że wolimy więcej obstawiać, gdy czujemy, że szanse na zysk są większe. Jest to szczególnie prawdziwe, gdy wiemy, że co najmniej podwoimy pieniądze, które inwestujemy oraz, że stracimy mniej, jeśli się pomylimy. Nawet głupiec z bananem w ręku nie będzie chciał obstawiać, wiedząc, że co najmniej nie podwoi pieniędzy, których stratą ryzykuje.

## Nic Nie Jest Za Darmo, Płacić Trzeba Nawet Za Wodę

Kiedy znajdziesz dobry przepis i będziesz podążał za nim krok po kroku, powinieneś stworzyć smaczne ciasto lub pyszne danie. Powiedziano Ci, że jeśli będziesz postępować dokładnie jak w przepisie, to uzyskasz taki wynik. W podobny sposób my, traderzy oraz inwestorzy, wierzymy, że jeśli czytamy książki lub oglądamy filmy i po prostu postępujemy zgodnie z tymi instrukcjami, uzyskamy solidny plan, który pomoże nam odnieść sukces. Zapominamy jednak, o czym czasami mówią te źródła, że płacimy za naukę tradingu. Zyski nie są pozbawione ryzyka. Musisz zaryzykować pewną ilość pieniędzy, aby wydobyć pieniądze z rynku. Przeczytasz w tych źródłach o tradycyjnym stosunku ryzyka do zysku 1:2. To, co Ci naprawdę oferują, to stosunek kosztu książki do potencjalnego bogactwa. Jest mało prawdopodobne, że ktoś zdradzi swoje konkretne strategie tradingowe, jak zostać milionerem lub miliarderem w książce, która kosztuje 50 złotych, ucząc Cię jednocześnie stosunku ryzyka do zysku 1:2. To jednak nie wszystko. Stosunek 1:2 ma swoje zalety, ale nikt nie będzie z Tobą dokonywał transakcji. Nawet uśmiechnięty głupiec odrzuci Twoją ofertę 50 złotych, jeśli zna jakąś strategię szybkiego wzbogacenia się, która *naprawdę* działa. Jest to kolejny powód dla którego w takiej książce nie przedstawia się żadnych założeń jak natychmiastowo uzyskać bogactwo.

Na rynkach jesteś tylko Ty przeciwko reszcie świata tradingu, a szanse na wygraną są największe dla najlepiej przygotowanych. Kiedy zarabiasz pieniądze, ktoś po drugiej stronie trochę traci. Trading to nie jest zarabianie na owocach, które zbierasz. Pamiętaj, że wyciągasz pieniądze z czyjejś kieszeni i te osoby nie pozwolą na to tak łatwo. Nawet wypłata własnych środków z banków coś kosztuje w obecnym świecie przy większej kwocie. Płacisz też za wodę, która jest naturalnym zasobem tej planety.

## Rozwiązanie Problemu

Załóżmy, że wykorzystałeś 4 lata swojego wolnego czasu, weekendów i nocy, aby stać się odnoszącym sukcesy traderem. Czytasz każdą książkę w tym zakresie, jaka przyjdzie Ci do głowy. Czytasz również rozmaite źródła internetowe, które miały pomóc Ci odnieść sukces, ale nic takiego nie miało miejsca. Wtedy zaczynasz myśleć o tym, co może być nie tak z Twoim podejściem, kiedy wydaje się, że dla innych wszystko dobrze działa. Istotnym błędem w ocenie było ślepe zaufanie do części literatury napisanej na temat inwestowania. Po namyśle doszedłbyś do wniosku, że nic nie jest darmowe, a jeśli istnieje, to jest zbyt piękne, aby mogło być prawdziwe. Takie doświadczenia miał mój znajomy trader. Następnie zaczął dodawać książki filozoficzne do swojej listy lektur. Filozofowie są krytycznymi myślicielami i pomogło mu to stać się krytycznym i myśleć inaczej, co jest wspaniałą i przydatną cechą dla tradera.

Jak pamiętam, mój przyjaciel nawet nie ufa lekarzom. Dla wielu osób lekarze są jednym z zawodów, którym ufają najbardziej. Prawdopodobnie bardziej ufasz lekarzowi niż bankierowi. Ten kredyt zaufania nie jest jednak tak prosty, jak mogłoby się wydawać. Literatura na temat zdrowia, podobnie jak literatura finansowa, również opiera się na badaniach empirycznych i ustaleniach, w których masz hipotezę, którą próbujesz odrzucić lub udowodnić jej słuszność. Próbujesz połączyć przyczynę i skutek, jeśli zrobisz A, wtedy wydarzy się B. Należy pamiętać, że te badania, w zauważalnych ilościach, są narażone na dużą przypadkowość, którą autorzy prawdopodobnie próbowali "sprzedać" lub dopasować teorię do wyników. Przypomina mi to powiedzenie: „Jeśli wystarczająco długo będziesz torturować dane, to w końcu się przyznają". Również w tych samych badaniach istnieje 5% szans, że wyniki mogą być błędne lub nieistotne. Należy zatem być bardziej dokładnym i nie przyjmować żadnych informacji bez racjonalnej oceny przed podjęciem decyzji.

Aby uwiarygodnić moją tezę, powinieneś spróbować kupić akcje (na koncie demo) następnym razem, gdy gazeta finansowa będzie miała informacje o zwiększonych dochodach zgłoszonych przez spółkę giełdową. Zapewni to praktyczne zrozumienie tego, o czym piszę. Wiele razy widziałem, jak akcje spadają po tak "dobrych" wiadomościach. Kto za to płaci? Przeciętny inwestor. A kto zarabia pieniądze? Oczywiście profesjonaliści, dlatego polecam praktykowanie krytycznego myślenia i uczenia się od ludzi, którzy zajmują się tradingiem. Na przykład Warren Buffett jest znany z podejmowania dobrych decyzji inwestycyjnych, które również możesz skopiować, ale musisz mieć te same cele, co on. Warren jest inwestorem długoterminowym.

**Nieprzyjemna Prawda**

Ta prawda odnosi się do tego, jak profesjonalne fundusze hedgingowe i emerytalne handlują swoimi pieniędzmi. Dla tych, którzy szukają lub potrzebują innego spojrzenia na to, sugeruję obejrzenie filmu "Big Short". Jeśli nie masz czasu na cały film, możesz obejrzeć zwiastuny na YouTube, aby zorientować się, o co w nim chodzi. W filmie wielkie fundusze inwestycyjne sprzedawały pozycje, a gdy te traciły, to sprzedawały jeszcze więcej. Ci gracze rynkowi byli w stanie utrzymać swoje pozycje, ponieważ pożyczyli pieniądze na wymagany depozyt zabezpieczający. W filmie szczegółowo opisano, jak Ci ludzie zarobili miliardy dolarów podczas ostatniego kryzysu finansowego. Początkowo mieli pozycje krótkie, a gdy rynek szedł w górę, shortowali jeszcze bardziej po wyższej cenie. Ponadto wcale nie używali stop-lossów.

Kilka słów o stop-lossach. Inwestorzy tacy jak Warren Buffett nie działają w świecie stop-lossów. Nie chcą wyjść z transakcji po spadku ceny długiej pozycji. Buffett i traderzy instytucjonalni nie używają stop-lossów i mogą sobie na to pozwolić, ponieważ mają głębokie kieszenie. Fundusze inwestycyjne mogą przez długi czas tkwić w przegranej transakcji, ponieważ jest to tylko niewielka część ich większego portfela i dysponują niemal niewyobrażalną kwotą kapitału na pokrycie wymogów depozytu zabezpieczającego.

Poniższy cytat pochodzi z artykułu w "Marketwatch" opowiadającego o tym, że Buffett kupił jeszcze więcej na wyprzedaży:

*Warren Buffett pokazał, że tegoroczna wyprzedaż akcji Wells Fargo & Co. sprawiła, że pokochał bankowego giganta jeszcze bardziej, ponieważ zwiększył swój udział w firmie do 504.3 miliona akcji, zgodnie z podanymi dokumentami.*

*WFC Wells Fargo, -0.23%, akcje spadły o 1.3% we wtorek, co sugeruje, że Buffett stracił około $327.8 miliona na swoim wkładzie tego dnia.*

Link do artykułu: http://www.marketwatch.com/story/warren-buffett-buys-more-wells-fargo-stock-on-a-dip-2016-03-29

Guru był w stanie mieć otwartą pozycję ze stratą $327.7 miliona, zamiast wykazywać jakiekolwiek oznaki niepokoju, po czym podniósł swój wkład. Przeciętny inwestor miałby trudności z zachowaniem chłodnej głowy przy pozycji, która wykazuje stratę rzędu kilku tysięcy dolarów. Mam nadzieję, że teraz owa różnica stała się dla Ciebie jaśniejsza. Pozwól jednak, że jeszcze szerzej wyjaśnię różnicę, między przeciętnym inwestorem, a dużymi instytucjami.

Przeciętny Trader:

Otworzy długą pozycję na papierach wartościowych o zbyt dużym ryzyku dla swojego całego portfela. Nasz trader wie, że jeśli to zabezpieczenie spadnie poniżej pewnej kwoty, zaszkodzi to jego kontu i zostanie z niczym. Również jeśli nie zamknie pozycji, nie będzie mieć wystarczającego kapitału na dalsze transakcje. Aby uniknąć tego scenariusza, ustawiany jest stop-loss i przyjmowana jest strata na transakcji. Nasz inwestor znajduje nowy papier wartościowy i powtarza strategię.

Duzi Chłopcy:

Mają plan tradingowy. Zwykle mają tylko niewielką część swojego portfela zainwestowanego w jeden papier wartościowy i mają też strategię wyjścia. Przeprowadzili też analizę "co jeśli" dla swojej transakcji, zanim ją otworzyli. Jeśli mają długie pozycje, a wartość aktywa spada, jest to dla nich potencjalny jackpot. Instytucje te kupują więcej po niższej cenie, a potem kupują ponownie, może nawet dwukrotnie więcej od ich początkowej pozycji. Jeśli wszystko pójdzie nie tak i broker wezwie ich do uzupełnienia depozytu, po prostu pożyczą pieniądze ze swojej sieci lub wynegocjują lepsze warunki dotyczące depozytu zabezpieczającego. Czego większość (nie wszyscy) mniejsi i niedoświadczeni traderzy nie są w stanie zrobić? Po pierwsze nie są w stanie łatwo pożyczyć ogromnych sum pieniędzy, po drugie nie mają strategii wyjścia ani żadnego planu na trading. Wielu z nich chce po prostu otworzyć pozycję, nawet się nad nią szczególnie nie zastanawiając.

# ROZDZIAŁ 7:
## Wyjaśnienie Strategii Martingale

W tym rozdziale podkreślę i wyjaśnię technikę, która w naszym teście przyniosła niesamowite zyski na przestrzeni 5-6 lat. Wyniki zostaną ujawnione pod koniec rozdziału!

Strategia, którą zbadamy, nazywa się Martingale. Wymaga ona zwiększenia wielkości lota i zakupu większej ilości, gdy Twoja początkowa pozycja jest na minusie. Musisz zachować pewien dystans między kolejnymi zleceniami, aby dać swoim transakcjom trochę przestrzeni. Pamiętaj jednak, że strategia ta jest też używana przez hazardzistów.

Technika Martingale bardzo mnie interesowała już od jakiegoś czasu, ale trudno mi było w pełni ją pojąć poprzez sam trading manualny. Dlatego wraz z kolegą napisaliśmy skrypt i stworzyliśmy algorytm. Mieliśmy sygnał wejścia, który był błędny, a do tego mieliśmy ustawione zlecenie take-profit. Użyte ramy czasowe wynosiły 30 minut, a rozmiar lota to 0.01. Saldo początkowe wynosiło $10,000.

Po dokonaniu początkowej transakcji złożyliśmy 5 zleceń oczekujących sprzedaży z limitem powyżej naszego sygnału wejścia.

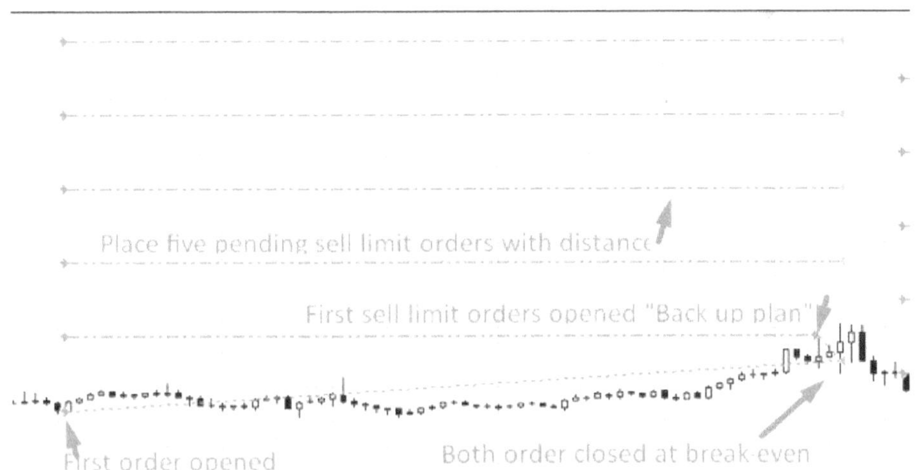


Na wykresie widać, że jedno z oczekujących zleceń zostało uruchomione i szybko zamknięte zostały oba zlecenia na poziomie break-even.

Oto kolejny przykład naszej strategii.

Mamy tutaj dwa mechanizmy zamknięcia, jeden jest używany tylko wtedy, gdy pierwsze zlecenie zostało otwarte, jest to wyzwalacz strategii, drugi jest używany, jeśli jedno z oczekujących zleceń zostanie uruchomione. Zamkniemy je, gdy osiągniemy całkowity otwarty zysk równy 0, lub break-even. Możesz zauważyć, że dodawanie kapitału do tracącej pozycji jest używane jako zabezpieczenie, jeśli się pomyliliśmy. Niczego nie optymalizowałem, para testowa to wciąż EUR/USD a okres to 01/01/2010-10/26/2010.

Uzyskaliśmy następujące wyniki:

|  | Average profit | Sum profit | Winning trade | Total trades | Standard dev | Relnumber |
|---|---|---|---|---|---|---|
| 0.1 Startoning lot | 45 | 20066 | 244 | 450 | 307 | 3 |
| 0.9 Starting lot | 401 | 180598 | 244 | 450 | 2763 | 3 |
| 0.9 Starting lot and stoploss | 207 | 86784 | 227 | 419 | 2710 | 1.6 |

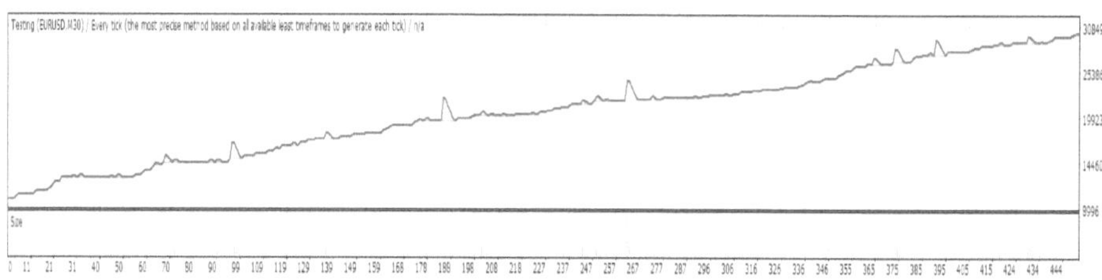

*Początkowy rozmiar lota to 0.1*

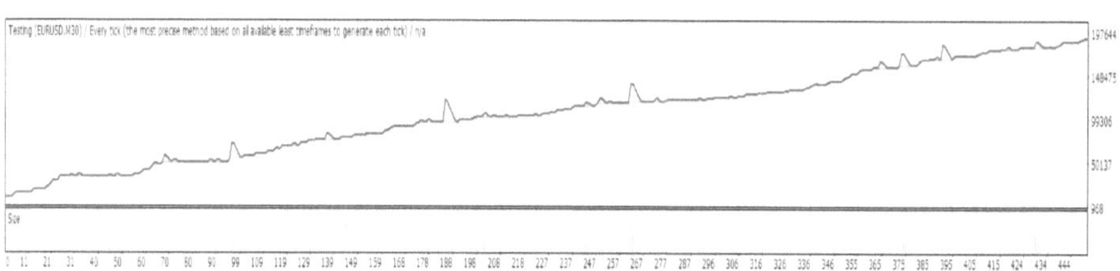

*Początkowy rozmiar lota to 0.9*

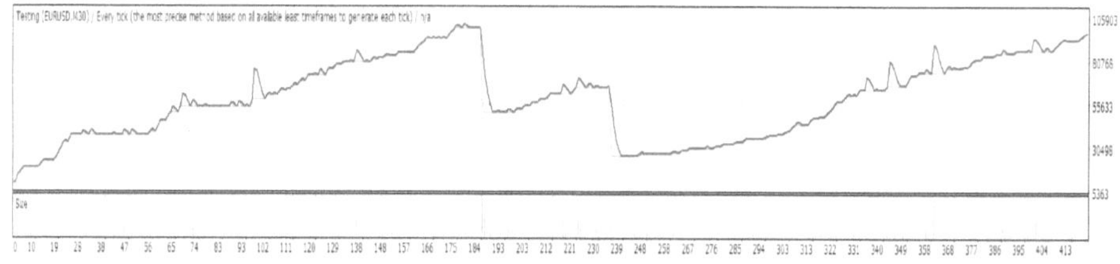

*Zlecenie stop-loss zamiast piątego zlecenia oczekującego*

Przeprowadziliśmy test historyczny jako test niskiego i wysokiego ryzyka. W przypadku testu niskiego ryzyka Twoja początkowa transakcja ma wielkość 0.1 lota, a w teście wysokiego ryzyka początkowa wielkość Twojego lota jest wyższa i wynosi 0.9. Przy 0.1 osiągnęliśmy około 200% zysku w ciągu 5 lat, średnio 40% rocznego zwrotu, a przy wysokim ryzyku masz jeszcze lepsze zwroty w okresie 5 lat. Możesz zobaczyć, że krzywa kapitału rosła liniowo, co również jest dobre, gdyż nie doświadczasz strat.

Co by było, gdybyśmy włączyli również siatkę bezpieczeństwa, aby zapobiec całkowitemu wyczyszczeniu konta? Zostawiłem 4 zlecenia oczekujące, a ostatnie zlecenie oczekujące zostało zmienione na zlecenie stop-loss, co oznacza, że powyżej tego poziomu wszystkie otwarte zlecenia zostałyby zamknięte. Odniosłem mniejszy zysk, ale odnotowaliśmy wzrost o 800% od 2010 roku. Na wykresie widać również, że mieliśmy kilka dużych strat. Dla mnie jest to jednak lepsza strategia, niż dostosowywanie innej, aby zarabiać niewielkie pieniądze. Czuję się komfortowo z pewnym ryzykiem, ale nie zaryzykowałbym więcej niż $10,000, gdybym chciał wykorzystać tę strategię.

## Podsumowanie

Widzimy, że jeśli chcemy uprawiać trading niczym wielkie banki, musimy odrzucić mentalność wykorzystującą stop-lossy. Kiedy duże instytucje są w trybie kupna papieru wartościowego, są to naprawdę długie pozycje i jeśli papiery spadną, to po prostu kupują go więcej po niższej cenie. Rzadko, jeśli w ogóle, użyją stop-lossa. Inwestują też bez przerw, ponieważ mogą. To, co mogą zaryzykować mniejsi inwestorzy, to wezwanie do uzupełnienia depozytu zabezpieczającego lub wycofania się, jeśli wiemy, że owo zabezpieczenie nigdy się nie zwróci. To, co możemy zrobić, to być może dodatkowo użyć zlecenia stop-loss, gdzie składasz tylko 4 zlecenia sprzedaży z limitem, ale jeśli cena wzrośnie jeszcze bardziej, po prostu zamykamy wszystkie nasze zlecenia i przyjmujemy stratę. Gdybym był pasywnym inwestorem, wolałbym tę technikę niż ciągłe wpadanie na stop-lossa i straty na transakcjach. Należy rozważyć tę strategię, ale najlepiej o niskim ryzyku, małych wielkościach lota i tylko jako część szerszego portfela. Spójrz na stały wzrost krzywej kapitału. Nigdy nie mieliśmy straty, co jest dobrym znakiem do zarabiania pieniędzy, tak jak robią to wielcy traderzy.

# ROZDZIAŁ 8:
## Ulepszanie Zwycięskich Transakcji – Jak Profesjonaliści Zarządzają Swoimi Transakcjami

Jak widzieliśmy, strategia Martingale to po prostu kupowanie jeszcze więcej, gdy rynek idzie przeciwko Tobie. Istnieje również inna strategia, przeciwna strategii Martingale. Aby ją zrealizować, podwajasz lub potrajasz swoją inwestycję, gdy osiągniesz zysk. W naszym scenariuszu wszedłeś na rynek i masz długą pozycję z ceną wejścia $50. Zdefiniowałeś również zasadę, że jeśli rynek wzrośnie do $55, przesuniesz zlecenie stop-loss z pierwszej transakcji na poziom break-even i otworzysz kolejną transakcję z dwa razy większą wielkością lota. Twoja cena docelowa dla obu transakcji wyniesie $60.

Zaletą tej strategii jest to, że jeśli masz rację, zarobisz znacznie więcej pieniędzy niż stracisz, gdy się mylisz. Rynek nie musi się tak bardzo ruszać, ponieważ zwiększyłeś handlowaną kwotę. Nazywa się to "dodawaniem do zwycięzców". Wadą jest to, że jeśli rynek odwróci się po uruchomieniu drugiego lub piątego zlecenia, handlujesz teraz z dodatkowymi zleceniami i poniesiesz większe straty.

| Scenario 1 | | | | | |
|---|---|---|---|---|---|
| Trades | Amount | Price | SL | TP | Result |
| 1 | 0.0100 | 1.5610 | 1.5600 | 1.5590 | -10 |
| Total | | | | | -10 |
| Scenario 2 | | | | | |
| Trades | Amount | Price | SL | TP | Result |
| 1 | 0.0100 | 1.5610 | 1.5600 | 1.5590 | 0 |
| 2 | 0.0300 | 1.5600 | 1.5610 | 1.5590 | -30 |
| Total | | | | | -30 |
| Scenario 3 | | | | | |
| Trades | Amount | Price | SL | TP | Result |
| 1 | 0.0100 | 1.5610 | 1.5600 | 1.5590 | 20 |
| 2 | 0.0300 | 1.5600 | 1.5610 | 1.5590 | 30 |
| Total | | | | | 50 |

Scenariusz 1: Uruchamiana jest tylko pierwsza transakcja i aktywowany jest stop-loss, jeśli mamy stratę -10.

Scenariusz 2: Obie transakcje są uruchamiane, ale stop-loss pierwszej transakcji zmienia się na break-even, ale jeśli uruchamiany jest stop-loss drugiej transakcji, ponosimy stratę -30.

Scenariusz 3: Obie transakcje są uruchamiane i obie osiągną zysk. Uzyskujemy całkowity zysk w wysokości 50.

**Sygnał Wejścia**

Jeśli mamy szczyt powyżej wstęg Bollingera, a świeca po nich zamyka się poniżej poprzedniego zamknięcia, otwieramy krótką pozycję. (Zobacz wykres).

**Zarządzanie Transakcjami**

Jeśli cena przekroczy 100 pipsów, zamykamy transakcję. Jeśli cena spadnie poniżej 100 pipsów od ceny wejścia, otwieramy drugą transakcję z dwa razy większą kwotą niż w pierwszej transakcji, a także zmieniamy stop-loss pierwszej transakcji na break-even. Stop-loss drugiej transakcji jest taki sam jak cena wejścia pierwszej transakcji, która wynosi 100 pipsów. Obie pozycje mają zlecenie take-profit przy 200 pipsach od miejsca, w którym weszliśmy w pierwszą transakcję. Użyliśmy odległości opartej na zmienności. Nasza odległość między zleceniami jest funkcją dziennej zmienności. Jest to ważne, ponieważ, jak wspomniano wcześniej, zmienność jest różna w różnych momentach.

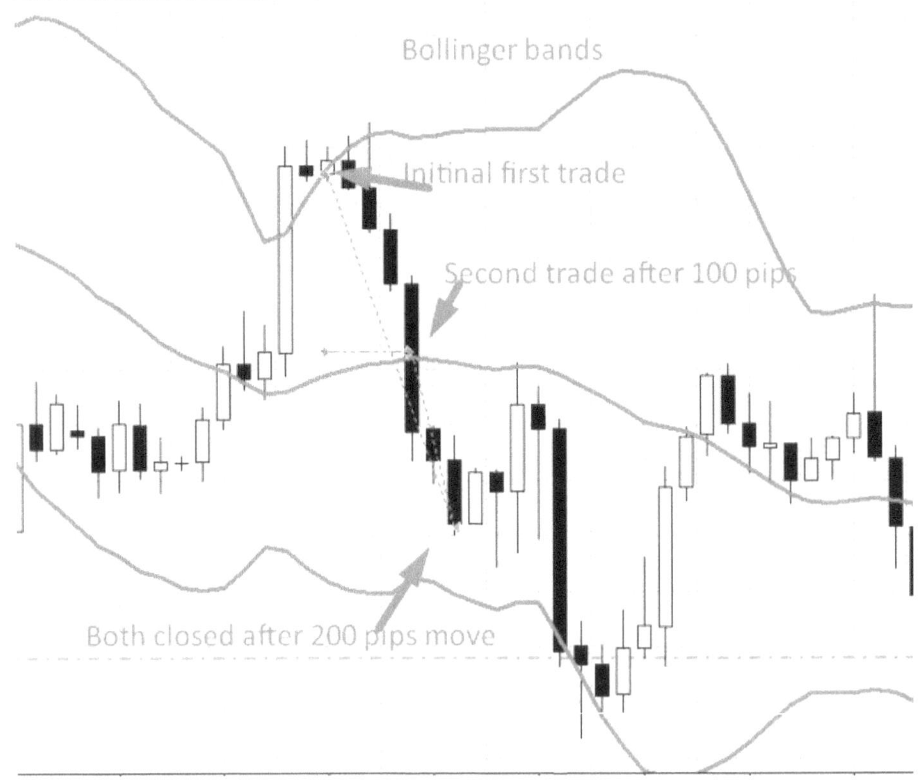


*Obrazek powyżej ilustruje nasz sygnał wejścia i zarządzanie transakcjami.*

Testowany instrument: Para EUR/USD

Okres testu: 01/01/2009-01/01/2016

Saldo początkowe: $10,000

Ramy czasowe: Wykres 4-godzinny

*Wyniki testu:*

| Average profit | Sum profit | Winning trade | Total trades | Standard dev | Relnumber |
| --- | --- | --- | --- | --- | --- |
| 27 | 8949 | 140 | 330 | 206 | 2 |

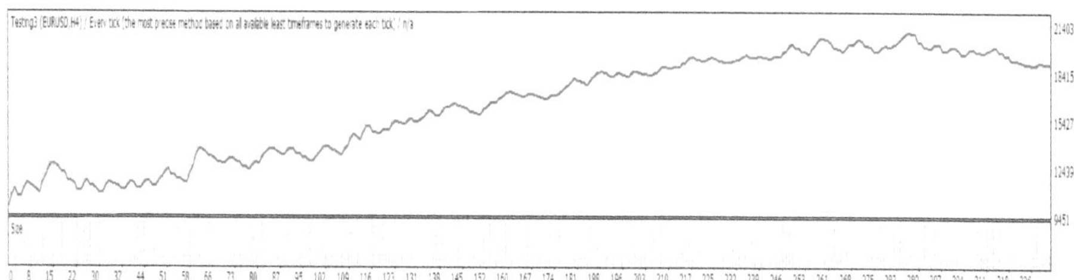

W ciągu 7 lat mieliśmy około 90% zysku. Z łącznej liczby 330 transakcji 140 było zyskownymi. Jak widzisz, krzywa kapitału stale rośnie, co jest dobrym sygnałem. Mamy też trochę strat i trochę wygranych, ale w ogólnym rozrachunku zarabiamy.

## Podsumowanie

Możemy stwierdzić, że nasze narzędzie do zarządzania transakcjami jest dobrym sposobem na radzenie sobie z transakcjami, które nie mają dobrych perspektyw na zysk. Z krzywej kapitału widać również, że nie mamy do czynienia z żadnymi dużymi spadkami. Najważniejsze jest to, żeby odległość między kolejnymi zleceniami była funkcją zmienności. Strategię tę warto rozważyć, gdy szukasz alternatywy dla tradycyjnego stosunku ryzyka do zysku w wysokości 1:2 lub 1:3. Wielu profesjonalnych traderów korzysta z tej strategii, osiągając ogromne sukcesy.

# ZAKOŃCZENIE

D ziękuję za przeczytanie całej książki pt. *'Expert Advisor i Strategie Tradingowe Forex'*. Mam nadzieję, że stanowiła dla Ciebie dobrą dawkę pożytecznej wiedzy i zapewniła Ci dodatkowe narzędzia, które pomogą Ci osiągnąć Twoje cele tradingowe. Kolejnym krokiem, który zawsze zalecam w swoim publikacjach to podjęcie działania. Otwórz konto demo u swojego ulubionego brokera i przetestuj opisane przeze mnie strategie, aż osiągniesz wyniki, które również chciałbyś zobaczyć na prawdziwym koncie.

Moje inne książki, które okazały się pomocne dla traderów i inwestorów to: *'Analiza Techniczna Dla Rynku Forex'* oraz *'Programowanie Expert Advisor dla Początkujących: Strategie Maksymalnych Zysków Na Forex MT4'*.

# PROFIL AUTORA

**W**ayne **Walker** jest dyrektorem globalnej firmy zajmującej się edukacją i doradztwem w zakresie rynków kapitałowych (gcmsonline.info). Posiada wieloletnie doświadczenie w szkoleniu i kierowaniu zespołami Doradców Inwestycyjnych oraz zarządzaniu zespołami osiągającymi najlepsze wyniki w Grupie Klientów Prywatnych w oparciu o Benchmark Dochodów (BME).